Michael Martin Nachtrab

De monstruos, degenerados y tarados

Redefinir a la normalidad desde la debilidad y diversidad de los cuerpos

GRIN Verlag

Bibliografische Information der Deutschen Nationalbibliothek:

Die Deutsche Bibliothek verzeichnet diese Publikation in der Deutschen National-
bibliografie; detaillierte bibliografische Daten sind im Internet über http://dnb.d-
nb.de/ abrufbar.

Imprint:

Copyright © 2012 GRIN Verlag GmbH
Druck und Bindung: Books on Demand GmbH, Norderstedt Germany
ISBN: 978-3-656-52556-1

This book at GRIN:

http://www.grin.com/es/e-book/263340/de-monstruos-degenerados-y-tarados

De monstruos, degenerados y tarados

Redefinir a la normalidad desde la debilidad y diversidad de los cuerpos

Dios no habita en un cuerpo sano.

Hildegarda de Bingen

Introducción

En el año 2006 la película 300 puso en escena el vigor, la masculinidad heroica y resistencia patriótica de los Espartanos, resultando ser – como era de esperar – un éxito comercial. Se relata la hazaña de 300 soldados espartanos que en la batalla de las Termopilas le hacen frente al invasor, opresor y Dios-Rey persa Jerjes. En un momento preciso aparece el carácter monstruoso Efialtes, un hombre deforme y jorobado, para ofrecer sus capacidades y conocimientos al rey esparta Leonidas. Este lo rechaza por no poder sostener el escudo correctamente, por lo cual Efialtes se hace complice del rey dios Jerjes y sus perversidades, mostrándole al ejercito opresor el camino a la retaguardia de Leonidas y así definiendo el final sangriento de sus sueños libertadores.

Aunque esa película es poco fiel a los sucesos, contextos y personajes históricos, la actitud de rechazar a Efialtes por ser una "persona con discapacidad"[1] que a causa de su carencia y debilidad no puede aportar nada ni tiene fuerza liberadora, encaja bien en como se describe la sociedad espartana.[2]

---

[1] Usare este termino negativo entre comillas hasta introducir más adelante otro que me parece más valido y positivo.

[2] "Nacido un hijo, no era dueño el padre de criarle, sino que
tomándole en los brazos, le llevaba a un sitio llamado Lesca, donde
sentados los más ancianos de la tribu, reconocían el niño, y si era bien
formado y robusto, disponían que se le criase repartiéndole una de las
nueve mil suertes; mas si le hallaban degenerado y monstruoso, mandaban llevarle las que
se llamaban apotetas o expositorios, lugar profundo junto al Taigeto; como que a un parto
no dispuesto desde luego para tener un cuerpo bien formado y sano, por sí y por la ciudad le
valía más esto que el vivir.
" Plutarco, Vidas paralelas, p.88–89.

¿Y que de nuestras sociedades occidentales? Después de casi 2500 años, el nacimiento y la expansión del cristianismo, la reformación, la revolución francesa y la ilustración, después de la democratización de gran parte del mundo y el surgimiento de ideas como pluralidad y multiculturalidad, ¿qué lugar en medio de nosotros le damos a lo débil, a lo diferente?

Monstruos, degenerados y tarados

Como vimos en la introducción, ya en tiempos muy antiguos la discapacidad ha sido una razon valida para discriminar, apartar y descartar una persona como no-persona. Sin embargo, vale la pena indagar más profundo en la historia occidental para entender el porque de tal actitud y negación del sujeto.

De los padres de la iglesia fue Agustín el que se interesó más por las "personas con discapacidad" quienes para él eran igual de monstruoso que los seres anormales que supuestamente poblaban los confines del mundo. Sin embargo Agustín no las descartó como error de la creación divina, sino las dio un lugar especifico en la historia de Dios. Al derivar la palabra monstruo del latín monstrare, es decir demostrar, halló la razón de ser de las "personas con discapacidad" justamente en su monstruosidad, su ser significantes transcendentes. Ellas, con sus cuerpos incompletos y anormales señalan al más allá, al poder divino que al final de los tiempos hará entero todo cuerpo. Pero lo utópico del más allá, la normalización del cuerpo humano en el cielo, ya se muestra en el más acá, en el poder sanador del Espíritu Santo que obra a través de su iglesia. Por eso no hay nada que pueda impedir que los monstruos sean curados y normalizados ya en el más acá porque como significantes trascendentes sirven de pantalla para lo milagroso en lo cotidiano que pasará después con todos los cuerpos en el cielo.[3]

---

[3] Betcher, Monstrosities, p. 85–86.

Durante la Edad Media y la Reformación cambió la interpretación de la discapacidad. Mientras Agustin afirmó que las "personas con discapacidad" eran parte de la creación, se impuso en los siglos posteriores el imaginario de que ellas de una u otra manera estaban en contacto con, poseídas de o hasta creadas por poderes diabólicos. Por tratarse entonces de un peligro para la sacralidad e integridad de la Cristiandad, se optó por apartarlas y excluirlas de los pueblos e iglesias, exterminarlas para conjurar los poderes del mal o rescatarlas de esos poderes, sanando y exorcizandolas. Para justificar tales actitudes las iglesias se basaron sobre una relectura de las leyes de pureza (Lev 13–14) y los relatos jesuanicos de milagros y sanación.[4]

Con el surgimiento de la burguesía, la revolución francesa y la secularización se popularizó la palabra *normal* y el discurso medico-rehabilitador. Es aquí donde la discapacidad es definida como anomalía explícitamente opuesta a una normalidad que es normalizada a través de la escuela, institutos, cuarteles, fabricas y hospitales, de modo que es imposible pensar lo uno sin el otro. Las "personas con discapacidad" son ubicadas una vez más en los confines del mundo-normalidad como portadores de cuerpos incompletos, anormales y degenerados, que requieren de sanación y normalización.[5]

Hoy en día sigue vigente el discurso medico-rehabilitador que es complementado por el discurso del modelo mercantil neoliberal y potenciado a través de las nuevas tecnologías científicas y de comunicación masiva. Lo normal-ideal es una persona física y psíquicamente en buen estado y con una alta capacidad de producir y consumir. Por doquier las "personas con discapacidad" son reducidas a su presunta carencia, tratándolas de cojos, ciegos, tarados, etcétera y descartándolas como inservibles en el sentido productivo y consumista para así justificar los tratamientos y curaciones, el aislamiento en escuelas e institutos especiales y el seleccionamiento – una opción que resurgió en los años 20 del siglo pasado con la eugenesia y que

---

[4] Durai, Church, p. 2–6.
[5] Díaz/Ferreira, Discapacidad, p. 292–296.

hoy funciona a través de la diagnosis prenatal.

Entonces, si hablamos de una "persona con discapacidad" siempre hablamos de una persona – o mejor dicho no-persona – que difiere de la mayoría y las normas del tiempo y contexto. Y eso se debe a que el concepto mismo de discapacidad "alude a una falta, una carencia, una condición negativa; el concepto cualifica a ciertas personas que se entiende que carecen de algo que la mayoría de las personas, las no discapacitadas, sí poseen: se las califica, así, como deficitarias, por tanto imperfectas, en consecuencia, sujetas a una desviación respecto de cierta 'normalidad'."[6] Al parecer, el concepto de discapacidad esta ligada intrínsecamente con "lo normal", de manera que la discapacidad siempre debe ser pensado desde lo normal y la "persona con discapacidad" subsumida bajo el orden de la normalidad. Pero ¿qué es lo normal?

La mayoría y el ideal normativo

Aunque el termino *normal* recién se populariza con la revolución francesa, el surgimiento de la burguesía y la secularización, siempre estuvieron presentes y vigentes ciertas nociones de lo normal y normas normalizadoras. Foucault resalta dos nociones importantes de lo normal: la regularidad estadística y una prescripción moral.[7]

La regularidad estadística remite al orden de la mayoría y para definir su identidad se requiere de margenes, limites y opuestos.[8] Es decir, para que haya una mayoría normal debe de haber un resto y opuesto anormal. Como matiz dicotómica que permite ordenar, leer e interpretar al mundo sirve el orden de una prescripción moral, eso es lo bueno-malo, puro-impuro, sagrado-pecaminoso, saludable-enfermo, etcétera. Ambos ordenes son regulados por "aparatos de saber-poder"[9] que establecen normas que disciplinan y racionalizan la mayoría y normalizan lo opuesto a lo normal.

---

[6] Ibid., p. 290.
[7] Ibid., p. 290–291.
[8] Vease Said, Orientalismo.
[9] Vease Focault, Vigilar y castigar

Ahora bien, como se trata de valores transcendentes, lo normal siempre esta ligado a algún ideal, que en menor medida antes de secularización y fuertemente después se hace normativo y tiene efectos inmanentes.

Se puede concluir entonces, que lo normal es un "ilusión transcendente"[10], un intento de normalizar y hacer normativo un ideal a través de distintos instituciones de enseñanza, disciplinamiento, colonización y racionalización para llegar a un presunto estado original de la humanidad.

Colonializar en nombre de una ilusión transcendente

Como esbocé anteriormente, es Agustín quien plantea la ilusión transcendente de la restauración y perfección de los cuerpos incompletos, que debe servir como punto de referencia para la raza monstruosa de las "personas con discapacidad". Por ser familiares de los seres que poblaban los margenes del mundo y por ser monstruos, es decir no tener razón propio de ser sino ser significantes, se oponían a los que si tenían una razón propia de ser y lo que vivían dentro del mundo. De ahí se establece la identidad de la mayoría de los seres humanos (cristianos). Pero también vimos como la restauración y perfección de los cuerpos se normaliza y vuelve inmanente a través del saber-poder regulador y colonizador que es el Espíritu Santo – y en menor medida la iglesia.

En los siglos siguientes se vuelve hegemónico el ideal de la sacralidad e integridad de la Cristiandad cuya identidad justamente se constituye a partir de como el saber-poder, que ahora se acumuló en manos de la iglesia, normaliza dicho ideal. A causa de eso, los degenerados y pecaminosos, las "personas con discapacidad", o tienen que ser exterminados o rescatados y curados para mantener vigente la ilusión transcendente.

A partir de la secularización - y eso tiene vigencia hasta el día de hoy –

---

[10] Sung, Sujeto, p. 48.

la ilusión transcendente que describió Agustín también se seculariza, de manera que el estado original de los cuerpos se vuelve algo ya alcanzable en el más acá. Los aparatos de saber-poder que deben rescatar, normalizar y colonializar los cuerpos pasan a ser sobre todo las instituciones medico-rehabilitadores, el mercado y posteriormente los medios masivos de comunicación.

A través del tiempo se puede ver como las "personas con discapacidad" sistematicamente son victimas de diferentes nociones de ilusiones transcendentes. Ni las ideologías políticas modernas supieron superar tal ilusión, "que engendra sistemas sacrificiales, sistemas e instituciones que exigen sacrificios de vidas humanas como "costo necesario" para alcanzar el "paraíso", la "redención" de la historia y de la humanidad."[11] Tanto el concepto antropológico liberal del homo economicus como el marxista del hombre nuevo solo sirven para aplastar la diversidad de los cuerpos, ejercer "políticas de rescate"[12] sobre lo que supuestamente sufre una carencia y inferioridad y silenciar y negar el ser sujeto de las "personas con discapacidad".

Diversidad creacional y justicia de Dios

Ahora bien, si queremos resistir al silenciamiento y la negación del ser sujeto de las "personas con discapacidad" en nombre de la normalidad, esa ilusión transcendente con efectos inmanentes, cuyas complices son tanto ideologías como teologías, debemos redescubrir la dignidad humana en aquellos que son tratados de no-personas. Para esa vuelta al sujeto propongo una vuelta al texto bíblico.

Ya en el primer relato de Génesis aparece un concepto, positivo y libre de cualquier dicotomía, de lo que constituye a lo humano. Si ahí dice que Dios creó a la humanidad a su imagen y semejanza, para después bendecirlo y

---

[11] Ibid., p.48.
[12] Vease Spivak, Subalterno.

afirmarlo como muy bueno[13] ¿qué dice eso sobre las "personas con discapacidad"? En primer lugar y sobre todo dice que Dios creó al *ha-adan*, es decir a la humanidad en toda su totalidad y diversidad, a su imagen y semejanza, entonces también las personas con alguna discapacidad física y mental también son parte de ese imagen divino. En segundo lugar se propone una identidad de lo humano que no requiere de ningún opuesto, ningún margen, ninguna desviación para constituirse como mayoría buena. Es muy buena porque si. Si la diversidad es algo inherente a la creación divina ¿no se vuelve obsoleto cualquier ilusión transcendente de la normalidad? Y si Dios reafirma esa diversidad en contra del torre, ese aparato de saber-poder unificador, colonializador y regulador,[14] ¿no se vuelven obsoletas también las efectos inmanentes de esa ilusión transcendente?

En la carta a los Romanos Pablo retoma un tema central de los salmos y profetas, que es la justicia de Dios. Esa justicia es genuinamente transcendente y no esta relacionada con lo que hace o no hace, lo que es o no es una persona según el mundo, sus normas y su justicia.[15] Mientras la ley del pecado y de la muerte regula y ordena al mundo dicotomicamente, silenciando y negando al sujeto, la justicia *extra nos* – como la llama la tradición luterana - hace libre por la gracia y acepta a la persona por el amor de Dios, creando sujetos. Si, es esa justicia que reivindica la diversidad creacional y permite que todos los seres humanos sin distinciones puedan ser sujetos. No quepa duda que eso suena como una ofensa y una tontería para los que deliran con la ilusión transcendente de la normalidad en que una "persona con discapacidad" es reducida a una condición de supuesta carencia, que su identidad es la suma de todas las opiniones, diagnósticos y papeles emitidos por los aparatos del saber-poder normalizador, colonializador y regulador y que su dignidad tenga que ver con su capacidad de consumir o aportar a la construcción del reino de la libertad.

---

[13]   Vease Gen 1:27–31.
[14]   Vease Gen 8:1–11.
[15]   Vease Rom 3:21–24.

La parte de los que no tienen parte se autonomina

Igual de ofensivo para los aparatos del saber-poder que la Buena Nueva de la diversidad creacional y la justicia de Dios que les da un lugar a los sujetos negados y silenciados en el mundo y la historia es cuando esos sujetos reclaman una identidad política y "escriben 'un nombre en el cielo' del orden simbólico."[16]

Hablando en términos rancierianos podemos decir que las "personas con discapacidad" tienen mucho en común con la parte de los que no tienen parte. Rancière en su análisis del orden policial y de la política llega a la conclusión de que antes de que haya una división entre gobernantes y gobernados, se establece un orden policial (policy). Aquí los aparatos del saber-poder definen quienes hablan (ciudadanos) y pueden participar del mundo compartido del habla (política) y quienes solo emiten ruidos (no-ciudadanos) y por ende son la *parte de los que no tienen parte*.[17] Recién después de esa definición se funda una comunidad política que se basa sobre la ignorancia y el olvido de la exclusión previa de los que supuestamente solo emiten ruidos, o como en el caso de las "personas con discapacidad" que en el discurso mediatico-medico-rehabilitador son definidas como los mudos, sordos y mentalmente retrasados. Ahora bien, ese orden policial, se interrumpe cuando esa *parte de los que no tienen parte* denuncia el daño a la igualdad que produce la policy y reclama su lugar en el mundo compartido del habla al darse un nombre a si mismo.[18]

Justamente esa autonominación de *la parte de los que no tienen parte*, es decir del colectivo de las "personas con discapacidad", tiene lugar en España en el año 2005. Del Foro de Vida Independiente, una comunidad virtual de "personas con discapacidad", surge el nombre *personas con*

---

[16] Marchart, Pueblo, p.13.
[17] Muñoz, Lo político, p. 3–4.
[18] Rancière relata la fabula de la autonominación de los plebeyos del Aventino. Los plebeyos al darse un nombre a si mismos, construyen una contraidentidad a los patricios y violan el orden de la ciudad. Vease Marchart, Pueblo, p.13.

diversidad funcional[19]. Según Díaz y Ferreira ese nombre "pretende una calificación de que no se inscribe en una carencia sino que lo que señala es un desenvolvimiento cotidiano, una funcionalidad, diferente a lo que se considera usual."[20] El concepto de diversidad funcional claramente se opone al discurso mediatico-medico-rehabilitador que a través de la mismísima noción negativa de discapacidad basa la identidad de la persona sobre una carencia. De esa manera ese discurso, que sustituyo al sacral-religioso, se presta para la discriminación, el daño de la igualdad y el no reconocimiento de la dignidad integral humana y ciudadana. Lo que se busca es salir de la dicotomía entre lo normal y anormal, sano y enfermo, la capacidad y la discapacidad, poniendo en el enfoque sobre la diversidad de los cuerpos que también funcionan aunque su funcionamiento es diferente a lo establecido como normal.

Como dije anteriormente esa autonominación, el escribir su nombre en el cielo del orden simbólico, irrumpe en el orden policial. La parte de los sin parte se vuelve sujeto político. Pero ¿qué es la identidad de ese sujeto? Y es más, ¿puede tener algo tan diverso como el conjunto de personas con diversidad funcional puede tener una identidad compartida? Como vimos todas las personas con diversidad funcional son sistematicamente excluidas del proceso político y oprimidas y colonializadas a través de distintos aparatos del saber-poder y patrones socioculturales. Lo que hace entonces a la identidad de ese sujeto político es "la experiencia de ciudadanía demediada lo que une a un ciego y un paralitico cerebral y no un déficit homologable en su capacidad funcional."[21] Siguiendo a Laclau se puede decir que el nombre *personas con diversidad funcional* sirve de significante vacío que permite que se inscriben en el diversos sujetos particulares que comparten la misma experiencia de exclusión, opresión y colonización a causa de su ser defectuoso, monstruoso y discapacitado.

---

[19]   Ese nombre adaptaré de ahora en adelante, sustituyendo al termino "personas con discapacidad".
[20]   Diaz/Ferreira, Discapacidad, p.294.
[21]   Moscoso, Diversidad, p.79.

Redefinir a la normalidad desde la debilidad y diversidad de los cuerpos

Lo que propongo, uniéndome a las propuestas del movimiento de las personas con diversidad funcional y los Disability Studies, es una redefinición de la normalidad desde la debilidad y diversidad de los cuerpos. Para eso me tomaré en primer plano del discurso paulino sobre la debilidad y diversidad en las dos cartas a los Corintios, donde Pablo mismo escribe y hace teología desde su propia debilidad y discapacidad.[22]

Como base para el discurso en las cartas a los Corintios, Pablo parte del Cristo crucificado y discapacitado por los aparatos del saber-poder. La debilidad e impotencia con que Dios se revela en la cruz ponen en ridículo y superan la potencia y sabiduría de los poderosos.[23] Como "el poder de Dios se muestra plenamente en la debilidad"[24], Dios se pone al lado de los monstruos, degenerados y tarados. De esa manera nadie que ante los ojos del mundo cuenta como débil, enfermo, imperfecto y discapacitado debe avergonzarse de su debilidad e imperfección, sino son los aparatos del saber-poder que deben avergonzarse.[25] Al revelarse Dios mismo en un cuerpo débil y frágil, un cuerpo que puede ser discapacitado, la discapacidad, enfermedad e imperfección se vuelven algo inherente al cuerpo humano, de manera que todo lo que el discurso mediatico-medico-rehabilitador entiende como desviado de lo normal y sufrimiento existencial es nada mas y nada menos que "la condición y posibilidad de nuestra existencia, de nuestra vivacidad."[26]

Mientras Pablo por un lado abre el camino a la revalorización de lo débil como algo que tienen en común todos los cuerpos humanos, por otro lado señala también la diversidad de capacidades que hacen a cada cuerpo único e imprescindible.[27] Como cada parte del cuerpo tiene una capacidad especial y funcional al bienestar y la integridad de todo el cuerpo, cada

---

22 Vease 2 Cor 12:1-13.
23 Vease 1 Cor 1:18-25.
24 2 Cor 12:9.
25 Vease 1 Cor 1:26-30.
26 Betcher, Monstrosities, p.95. [traducido por mi]
27 Vease 1 Cor 12

persona vale, tiene un lugar y una función en la *ekklesia*, por más débil, inútil y desviado de lo normal que sea ante los ojos del mundo. Cuando Pablo constata que "[s]i todo el cuerpo fuera ojo, no podríamos oír [y] si todo cuerpo fuera oído, no podríamos oler"[28] demuestra un sentido más sensible para lo normal que los mismisimos apóstoles de la normalidad que colonializan y unifican los cuerpos y capacidades, dando más importancia a las capacidades funcionales a la ideología de turno que al bienestar e integridad al gran cuerpo que es la humanidad.

La normalidad entonces debe definirse a partir de los cuerpos débiles y diversos y no a base de una ilusión transcendente que les sirve a los aparatos de saber-poder para exterminar, excluir, colonializar y normalizar a esos cuerpos. Lo que debemos anhelar, en vez de esa ilusión transcendente de lo total, perfecto, sano y normal, "es un horizonte utópico del Reino de Dios, recordando siempre que tal horizonte, como todo horizonte, apenas es alcanzable por los ojos de los deseos, pero es imposible de ser alcanzado por nuestros pasos humanos."[29] Y si algún día llegamos a ese horizonte utópico, o mejor dicho si ese horizonte nos abraza a nosotros, probablemente Dios nos sorprenda con algo más hermoso que lo total, perfecto, sano y normal.

Bibliografía

Betcher, Sharon, Monstrosities, Miracles, and Mission. Religion and the Politics of Disablement, en: Keller, Catherine/Nausner, Michael/Rivera, Mayra (Ed.), Postcolonial Theologies. Divinity and Empire, 2004, pp. 79–99.

---

[28]   1 Cor 12:17.
[29]   Sung, Sujeto, p.49.

Díaz Rodríguez, Susana/Ferreira, Miguel, Desde la Dis-capacidad hacia la diversidad funcional. Un ejercicio de Dis-normalización, Revista Internacional de Sociología 68, N° 2, 2010, pp. 289–309.

Durai, Arumai, The Church and Otherwise-abled: A Historical Overview, 2008.

Foucault, Michel, Vigilar y castigar. Nacimiento de la prisión, 2002.

Marchart, Oliver, En el nombre del pueblo. La razón populista y el sujeto de lo político, Revista Cuadernos del Cendes 23, No 62, 2006, pp. 1–18.

Moscoso, Melania, La discapacidad como diversidad funcional. Los límites del paradigma etnocultural como modelo de justicia social, Dilemata 7, 2011, pp. 77 – 92.

Muñoz, María Antonia, Lo político como comunicación distorsionada. Una lectura sobre Jacques Ranière, 2005.

Plutarco, Vidas paralelas, Tomo I, 1999.

Said, Edward, Orientalismo, 2002.

Spivak, Gayatri, ¿Puede hablar el subalterno?, Revista Colombiana de Antropología 39, 2003 pp. 297–364.

Sung, Jung Mo, Sujeto y sociedades complejas. Para repensar los horizontes utópicos, 2005.